Warum Lach-Yoga?

AF288392

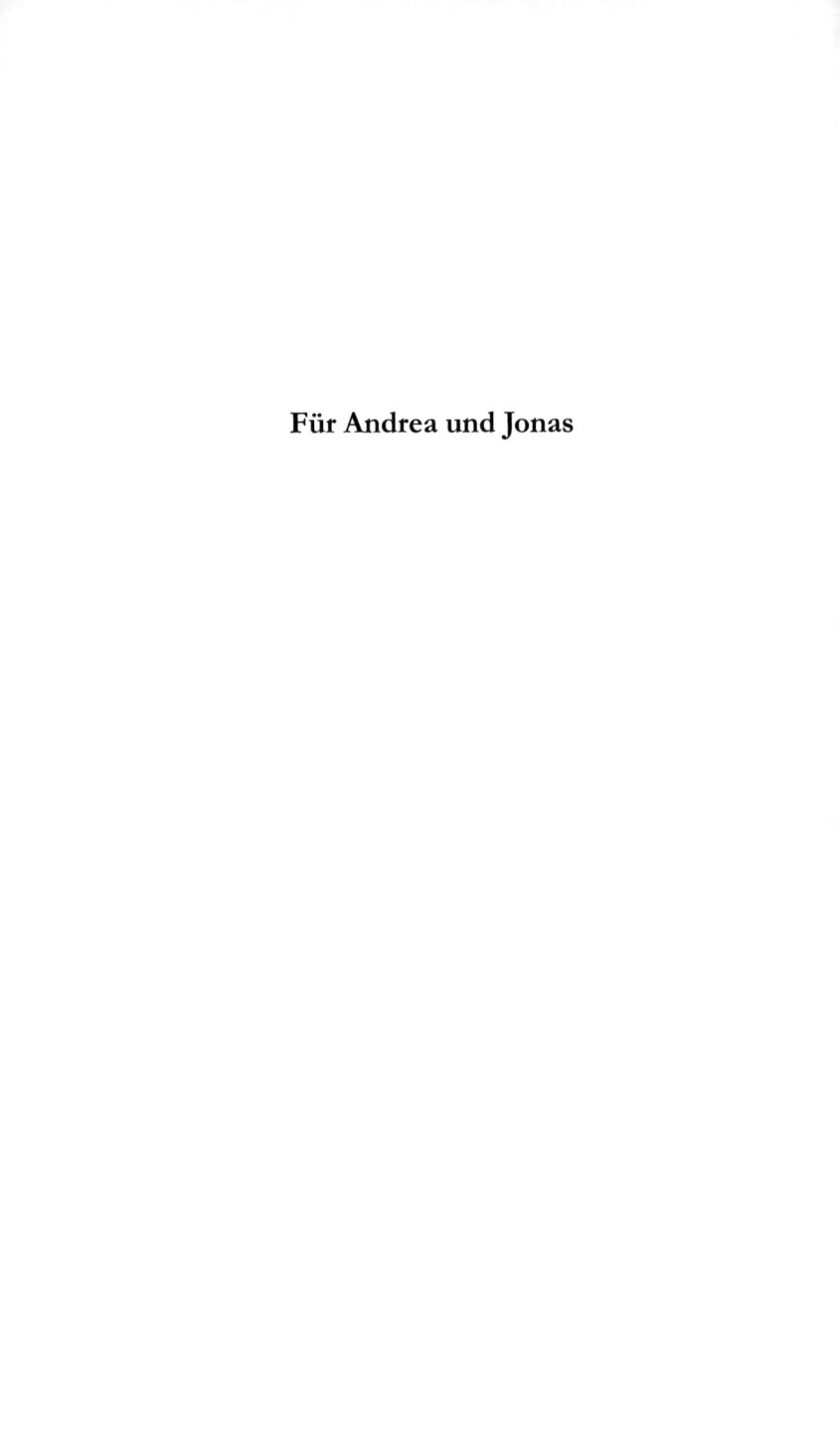

Für Andrea und Jonas

Walter Birklbauer

Warum Lach-Yoga?

Eine neurologische Perspektive

Der Autor: Walter Birklbauer, geboren 1962, war in den ersten zwanzig Lebensjahren aktives Mitglied einer weltweiten religiösen Gemeinschaft.

Heute ist er Soziologe und beschäftigt sich mit wissenschaftlichen Arbeiten im Bereich der individuellen, gesellschaftlichen und sozialen Selbstorganisation mit Schwerpunkt nichtlineare, dynamische Systeme.

© 2008 Walter Birklbauer
1. Auflage

Herstellung und Verlag:
Books on Demand GmbH, Norderstedt

Satz und Layout: Walter Birklbauer
Internet: **www.lach-yoga.eu**

ISBN: 978-3-8370-7981-4

Inhalt

*Humor ist der Schwimmgürtel auf
dem Strom des Lebens (Raabe, W.)*

Einleitung

Als Dr. Ignaz Semmelweis, der „Retter der Mütter", seinen erfahreneren Kollegen eine Schüssel mit Chlorkalk vor den Kreissaal stellte, verbunden mit dem Vorschlag, sich doch vor dem Betreten der Kreissäle die Hände zu waschen, wirkte diese Methode offenbar für manche Experten etwas gar zu einfach. Hand aufs Herz. Wie würde man selbst als angesehener Arzt reagieren, käme ein junger Kollege dahergelaufen, um die gesamte gynäkologische Schar zur Körperpflege aufzufordern? Und dies zu einer Zeit, in der Hygiene als Zeitverschwendung galt, weil das Bakterium und seine Übertragungswege noch nicht bekannt waren.

Der Rest ist Geschichte: Händewaschen *war* die Lösung. Und heute? Lachen soll das neue Patentrezept sein? Lachen gegen Depressionen, Lachen gegen hohen Blutdruck, Lachen gegen chronische Schmerzen, Lachen als Anti-Aging-Programm, Lachen als Konfliktprävention, Lachen für den Weltfrieden?

Macht man es sich hier nicht ein wenig zu einfach? Oder handelt es sich beim Lach-Yoga wieder um so eine „esoterische Modeerscheinung", mit dem einzigen Zweck, den Leuten das Geld aus der Tasche zu ziehen und selbsternannten Lederhosen-Gurus eine Chance auf soziale Anerkennung zu geben?

Außerdem lachen wir doch sowieso schon genug, oder? Wir sind doch überhäuft mit einem endlosen Angebot an zum Lachen anregenden Auslösern. Schon am Morgen servieren uns lustige Radiomoderatoren Lachreize am laufenden Band.

Jedoch, genau das ist es: wir haben gelernt, das Lachen nur mit „Grund", mit „Kopf" zu verbinden. Es gilt sogar als verpönt, allzu leicht unterhaltbar zu sein, denn es wäre ein Zeichen intellektueller Schwäche. Und es ist mehr als das. Wir haben nicht nur gelernt, unser Lachen von kognitiven Auslösern abhängig zu machen, wir machen auch alles andere von Ordnungsparametern abhängig, ohne deren Erfüllung es keine soziale Belohnung gibt. So *lachen* wir nicht nur nicht ohne ausreichenden Grund, wir *lieben* auch nicht ohne ausreichenden Grund. Wir sind nur *glücklich*, wenn Gründe dafür vorhanden sind. Ist dies wirklich alles notwendig?

Dieses Buch möchte im Wesentlichen diejenigen unter den Pragmatikern oder den Funktionalisten erreichen, die sich nicht so ohne weiteres einem positiven Gedanken, einer schönen Vorstellung, einer Fantasie oder einer Imagination hingeben wollen.

Im Rahmen meiner Arbeiten im Bereich der individuellen und sozialen Selbstorganisation führten mich die Forschungsinhalte zum Bereich „Ressourcenaktivierung" auf neurosomatischer Ebene und dies wiederum führte mich zur meiner Meinung nach positivsten und effektivsten Form, zum Lach-Yoga.

Diese Schrift soll dabei helfen, das persönliche Verhältnis zwischen Spiel und Simulation zu verbessern. Es soll eine Antwort auf die Frage bieten: Warum macht es Sinn, Zeiten zu reservieren, in denen positive Ressourcen trainiert werden? Warum soll ich „so-tun-als-ob"? Weshalb dann ausgerechnet Lach-Yoga?

Ich lade den Leser daher ein, jenen Argumenten zu folgen, die zu einer aufgeschlosseneren Haltung gegenüber Lach-Yoga beitragen sollen.

Was ist Lach-Yoga?

Lach-Yoga schließt vieles mit ein, nur eines aus: es ist kein Entertainment. Darüber hinaus ist es völlig areligiös und unpolitisch. Es passt nicht in die Atmosphäre eines Bierzeltes oder eines Volksfestes. Lach-Yoga ist zu Ernst, um es lächerlich zu machen.

Auf „Lachen" gibt es natürlich kein Patent. Jedoch – abgesehen von Lachpionieren wie Norman Cousins oder Patch Adams – war der indische Arzt Dr. Madan Kataria die erste Person, welche das Lachen in so etwas wie eine Kuchenform gegossen und ein funktionierendes Anwendungsrezept entwickelt hat. Was Bill Gates für Windows ist, ist Dr. Madan Kataria für das Lachen. Er fand nach mehreren Versuchsreihen heraus, dass die Gründe für das Lachen ziemlich überschätzt werden. Im Gegenteil, er fand heraus, dass Lachen auch völlig ohne Grund, ohne Witz und einem besonderen Sinn für Humor möglich ist.

Somatische Aspekte

Der Name Lach-Yoga (oder Hasya-Yoga) leitet sich ab aus einer Mischung aus traditionellen Yoga-Atemtechniken und speziellen Lachübungen. Damit wird das neurosomatische System des Menschen in Richtung positiver Emotion stimuliert. Gleichzeitig ist aber das Lachen eine der besten Atemübungen. Das stoßweise Ausatmen verringert die Rest-Atemluft und verbessert den Sauerstofftransport bis auf Zellebene. Ein optimierter Zellmetabolismus ist unzweifelhaft eine gute Voraussetzung für einen gesunden und reibungslosen Ablauf der körpereigenen Stoffwechselprozesse.

Die Lachübungen verfolgen also mindestens zwei Nutzen: die Ausatmung zu intensivieren und gleichzeitig das Lachen zu stimulieren. Zu Beginn der Lachübungen überwiegt der Anteil an Atemübung im Vergleich zum echten Lachen. Im weiteren Verlauf jedoch erhöht sich der Anteil am echten Lachen sehr deutlich. Eigentlich sind also Lachübungen Aufwärmübungen, bei denen der Anteil an realem Lachen kontinuierlich zunimmt.

Psychische Aspekte

Die Lachübungen haben jedoch nicht nur eine rein körperliche Funktion, um Glückshormone zu aktivieren oder Stresshormone abzubauen.

Ein sehr wesentlicher Aspekt dieser Übungen sind die musterhaften Überlagerungen, die damit verbunden sind. Zum Beispiel in Form von Annäherungszielen. Jede Lachübung hat ihren eigenen Namen. So gibt es beispielsweise das Begrüßungslachen, das Handylachen, das Löwenlachen und viele andere mehr. Aber da ist zum Beispiel auch das Lachen, welches die Selbstakzeptanz fördert, oder das Verzeihen. Oder das Lachen, welches in uns die Größe der Probleme ins rechte Licht rückt.

Alle Übungen erfolgen nach demselben Prinzip: im Augenblick der Übung ein bestehendes alltägliches Muster mit einer positiven Emotion zu verknüpfen, welches insgesamt wieder ein neues Erregungsmuster wahrscheinlicher macht.

Viele Menschen kennen beispielsweise das Gefühl des Ärgers beim Anblick eines Autostaus. Im Moment der Situationswahrnehmung haben sich die Muster eingespielt, welche die dazugehörigen limbischen Zentren des Gehirns aktivieren. Und zwar so schnell, dass es nunmehr wenig Sinn macht, darüber nach-zudenken, denn die Emotion „Ärger" regiert zu diesem Zeitpunkt sehr dominant[1]. Abhän-gig vom Individuum kann dieser Ärger entwe-der eine Tendenz zur Deeskalation oder zur Eskalation aufweisen, oder einer Bereitschaft, für weitere potentielle Konfliktquellen anfällig zu sein.

Lach-Yoga schlägt solchen Situationen ein neues Reaktionsmuster vor, welches sich in ähnlichen Situationen mehr und mehr anbie-tet. Dabei kommt es auf die Frühzeitigkeit an, denn je mehr die Emotion greift, desto höher wird der Aufwand zum Gegensteuern.

Das Besondere daran ist: all diese Übungen sprechen unsere tiefliegenden unterschwell-ligen (subliminalen) Muster an. Und von der Gehirnforschung her ist bekannt, dass das Gehirn auch dann weiter lernt, wenn es nicht mehr unmittelbar mit einer Thematik beschäf-tigt ist. Indem es im Hintergrund oder auch im Traum weiter arbeitet, ist es weiterhin mit dem Umbau an den neuronalen Schaltkreisen

---

1 Vgl. Birklbauer 2007, S. 74, siehe „Disney-Effekt"

und somit an sämtlichen damit verbundenen präventiven, heilenden und therapeutischen Prozessen beschäftigt.

Ein Lachen ist nicht nur ein Lachen, sondern geht als positives Element in den gesamtkörperlichen Lernprozess ein. Das Lachen bringt uns also nicht nur etwas für den Augenblick, sondern erhöht die Wahrscheinlichkeit für positive nachhaltige Veränderungen.

Simulation

Die Lachübungen werden in Gruppen durchgeführt, wobei am Anfang das Lachen simuliert wird. Beim echten Lachen verhält es sich so ähnlich wie bei einem Lagerfeuer. Um ein echtes, von der Natur ausgelöstes Feuer zu erhalten, könnte man auf ein Gewitter oder einen Blitz warten, welcher das Feuer entzündet.

Alternativ dazu kann es zu Beginn künstlich mit einem Streichholz entfacht werden. Wenn aber die Glut des Feuers vorhanden ist, stellt sich die Frage nach dem Ursprung des Feuers nicht mehr. Beim Mensch verhält es sich ähnlich: der Körper kann nicht unterscheiden, ob das Lachen einen realen Grund hat oder nicht.

Beim Praktizieren von Lach-Yoga kommt die Simulation, das „so-tun-als-ob" auf zwei Arten zum Einsatz. Diese nähern sich entweder „Bottom-up", also vom Körper her, somatisch, oder „Top-down", von der kognitiven Seite her. Da beide Richtungen keine Einbahnstraße darstellen, ergänzen sie sich wunderbar.

„Fake it until you make it…"

…ist ein zentrales Motto der Lach-Yoga-Bewegung. Hier streifen wir den Schlüsselbegriff für die nachfolgenden Ausführungen. In den nächsten Kapiteln soll es um den Nutzen der Simulation, dem „Fake", dem „so-tun-als-ob" gehen.

Neuronale Erregungsmuster

In der wissenschaftlichen Forschung mehren sich die Hinweise auf die positiven Wirkungen von Lachen auf Körper und Geist.

„Lachen ist gesund" sind anscheinend mehr als nur Worte. Doch ist dies wirklich so? Welches Argument gibt es dafür, dass dies auch gar nicht anders sein kann, beziehungsweise dass die Wahrscheinlichkeit für das gegenteilige Ereignis minimal ist?

Nun, in meiner Erklärung lehne ich mich an den vom deutschen Psychologen Klaus Grawe präsentierten Ansatz an. Klaus Grawe hat sich zu Lebzeiten viel mit Neuroimmunologie und mit Neuroscans beschäftigt. Eine seiner primären Schlussfolgerungen betrifft die „neuronalen Erregungsmuster". Er sagt:

> *„Wenn wir etwas fühlen, denken oder tun, liegen dem jeweils ganz bestimmte neuronale Erregungsmuster zu Grunde. Für das, was wir erleben oder tun, kommt es nur darauf an, ob bestimmte Neuronen feuern, wie schnell sie feuern und mit welchen anderen Neuronen sie gemeinsam feuern."*[2]

Dabei ist dieser Ansatz keinesfalls reduktionistisch. Mozarts Musik lässt sich nicht auf eine trockene Abfolge von Schwingungen oder

---

2 Grawe 2004a, S. 44

binärer magnetischer Zustände reduzieren.
Und dennoch ist das musikalische Erlebnis
hochgradig davon abhängig, denn jede Änderung in der binären Abfolge wirkt sich auf das
aus, was wir als Musik wahrnehmen.

Wird nun aber Mozart weniger reizvoll,
weil ich das Notenblatt lesen kann? Wird ein
Sternenhimmel weniger romantisch, weil er
durch das Wissen der Wissenschaft entzaubert
wurde?

Einen guten Vergleich bringt Grawe selbst:

> *„Ebensowenig wie wir durch die
> Evolutionstheorie zu Affen wurden,
> werden wir durch die Erkenntnisse
> der Neurowissenschaften zu einem
> Bündel Materie.“*[3]

Die zelluläre Aktivität ist nichts anderes als
die Basis für jene Emergenz, welche die Musik
unseres Lebens ausmacht. Dabei kann unter
einem emergenten Produkt jene Eigenschaft
verstanden werden, die aus den einzelnen Sys-
tembestandteilen alleine nicht erklärbar sind.

---

3 Grawe 2004a, S. 58

Wasser ist nass, die einzelnen Wassermoleküle sind es nicht. Die Eigenschaft „Nässe" ist emergent, weil sie sich erst aus dem Zusammenwirken vieler Wassermoleküle ergibt.

Das Produkt unseres qualitativen Erlebens kann man als das emergente Resultat einer nichtlinearen Wechselwirkung von Neuronen und Neuronenverbänden auffassen, welche als psychische Prozesse Gestalt annehmen.

Sämtliche Formen psychischer Prozesse spiegeln sich wiederum in neuronalen Erregungsmustern wider[4], die von frühester Jugend an immer wieder aktiviert und wiederholt werden und so die Bereitschaft für die leichtere Auslösbarkeit einer emotionalen Richtung bahnen.

Von Kindesbeinen an lernen wir unentwegt und machen Lebenserfahrungen, die im impliziten (unbewussten) Gedächtnis tiefe Spuren hinterlassen. Wir lernen, ob wir erwarten können, dass zuverlässig jemand da ist, wenn wir Nähe und Geborgenheit benötigen. Wenn ein Kind nur selten Entspanntheit, Ausgeglichen-

---

4 Vgl. Grawe 1998, S. 265, zitiert nach Storch 2002, S. 290

heit, Zufriedenheit oder Geborgenheit erlebt, dann befindet es sich oft auf einem hohen negativen Erregungsniveau, was besonders in den frühkindlichen Lebensphasen mit starken Prägungen verbunden ist.

Alle über die Sinne eintreffenden Informationen werden vom Gehirn in bioelektrische Impulse umgewandelt. Das Gehirn ist spezialisiert auf deren Verarbeitung. Neurotransmitter werden als Reaktion auf Sinneserfahrungen ausgeschüttet, wobei neuronale Strukturen sich als Ergebnis dieser Erfahrungen entwickeln.

Gute Erfahrungen werden mit einem anderen neuronalen Erregungsmuster abgespeichert als schlechte. Jede emotionale Grundrichtung (Valenz) entspricht einem charakteristischen neuronalen Erregungsmuster, welches sich mit den Erregungsmustern der aktuellen Situation vermischt.

Eine eher positive emotionale Grundrichtung macht demzufolge ein anderes „neuronales Erregungsmuster" aus als eine negative emotionale Grundrichtung.

Grawe kommt zu dem Schluss:

„Wenn allen psychischen Prozessen neuronale Vorgänge zugrunde liegen, dann liegen veränderten psychischen Prozessen veränderte neuronale Vorgänge zugrunde. "[5]

Neuronale Erregungsmuster, das sind Abbilder komplexer neurochemischer Prozesse, welche sich graduell in ihrer Dimensionalität entweder in die grundsätzliche Himmelsrichtung Stresshormone oder Glückshormone bewegen und demzufolge ein völlig differentes Erleben und Lernen ausmachen.

Denn es gibt keinen Zeitpunkt, an dem kein Umbau an den neurologischen Schaltkreisen des Gehirns stattfindet. In ständiger Wechselwirkung mit den genetischen Vorbedingungen werden neuronale Leitungen verstärkt, die neurochemischen Bereitschaftspotentiale editiert, die Anzahl und Wirkungsweise von zuständigen Rezeptoren verändert, die synaptische Entwicklung begünstigt, die Signalübertragung über Neurotransmitter wie Serotonin, Cortisol, Endorphine und Enkephaline gehemmt

---

5 Vgl. Grawe 2004

oder gefördert und DNS-Komponenten ein- oder ausgeschaltet.

Die Häufigkeit und die Intensität der in bestimmten neuronalen Erregungsmustern verbrachten Zeit bilden die Basis für systeminterne „Gärungsprozesse", welche auf eine nichtlineare Art und Weise aus weniger mehr und umgekehrt zu machen in der Lage sind. Durchlebt ein Mensch mehrheitlich Situationen mit überwiegend negativer Valenz, aus welchem Grund auch immer (hier kommen unsere Glaubenssysteme ins Spiel), dann hat dies andere Auswirkungen auf die mit dem Durchleben verbundenen Stoffwechselabläufe und Lerneffekte des neurosomatischen Apparats als beim Durchleben von Zeiteinheiten mit überwiegend positiver Valenz.

Erfolgen diese Wiederholungen häufig, dann präpariert das Gehirn sich geradezu darauf, negative Ableitungen aus den gegenwärtigen Erlebnisinhalten abzuleiten, was wiederum Wiederholung und Training zur Folge hat. So kann zum Beispiel eine Sensitivierung für negative Emotionen stattfinden, die im Laufe der Lebenszeit durch eine wachsende

Anzahl von Impulsen aktiviert werden können. In Bezug auf die kindliche Entwicklung
sagt Grawe dazu:

> *„Es braucht immer weniger, um
> sie auszulösen. Durch die dauernden
> Bahnungen entstehen immer über-
> tragungsbereitere Synapsen. Die mit
> negativen Emotionen befassten Hirn-
> regionen entwickeln sich besonders
> gut."*[6]

Der für unsere Ausführungen springende
Punkt ist: diese neuronalen Erregungsmuster sind nicht nur das Produkt aus den Inhalten realer Lebenssituationen. In diese Muster
mischen sich Teile neuronaler Erregungsmuster vergangener Zeiteinheiten, welche in Form
von bewussten oder unbewussten Vorstellungen und Erinnerungen in die Gegenwart
einfließen. Zusammen mit der damit verbundenen Organisations- und Ordnungstendenz
stabilisieren sich bestehende oder ergeben sich
neue spezifische neuronale Erregungsmuster.

---

6   Grawe 2004

Bedeutet dies, dass neuronale Erregungsmuster auch dann ausgelöst werden können, wenn sie nur simuliert werden, etwa durch Erinnerungen, Fantasien oder Vorstellungen? Kann eine positive Fantasie im Körper Materie bewegen?

Im folgenden Kapitel soll dargestellt werden, inwieweit diese Erregungsmuster im direkten Einflussbereich unserer Fantasien, Vorstellungen oder Erinnerungen stehen und was sie körperlich in uns auslösen.

Die Röhre

Mit modernen Methoden der Gehirnforschung ist es in den letzten Jahren möglich geworden, viele innere Vorgänge auf zellulärer Ebene sichtbar zu machen. Die damit verbundenen Erkenntnisse gestatten völlig neue Interpretationen über unsere grauen Zellen und führen dazu, dass sich die Neurowissenschaft mitten im Umbruch befindet.

Vor nicht allzu langer Zeit war beispielsweise noch die Meinung vorherrschend, dass Nervenzellen nicht wachsen können und das Gehirn ein statisches Organ ist. In den letzten

Jahren wurde jedoch zunehmend die Plastizität dieses Organs erkannt. Die Psychotherapie betrachtet die Neurobiologie mit gemischten Gefühlen, fürchtet sie doch, dass die Neurobiologie das Gehirn und den Geist auf elektrochemische Reaktionen reduziert. Interessant ist deshalb, dass ausgerechnet ein Neurobiologe bei den 51. Psychotherapiewochen in Lindau den Psychotherapeuten erklärte, dass *„die Seele die Materie des Gehirns gestaltet."*[7]

Dieser Neurobiologe war der Göttinger Professor Gerald Hüther, und seine wichtigste Aussage betraf die Neuroplastizität des Gehirns. Dieser Begriff umschreibt die räumliche Auswirkung der Veränderungsfähigkeit von Neuronen und des Gehirnstoffwechsels in Abhängigkeit individueller Erfahrungen im Austausch mit der Umwelt.

Neuronale Verbindungen funktionieren offenbar wie ein Muskel, der ohne Beanspruchung abgebaut und mit intensivem Training stärker wird[8]. Durch die kontinuierliche Inter-

---

7 Rogosch 2001
8 Vgl. Groenewold 2005

aktion mit Umweltbedingungen kommt es zu einer strukturellen Verankerung als positiv oder negativ empfundener Erfahrungen, die in einem „emotionalen Gedächtnis" für erfolgreiche oder erfolglose Bewältigungsstrategien abgelegt werden[9].

Mit immer ausgefeilterer Technik ist es den Wissenschaftlern nun möglich geworden, dem Gehirn bei der Aktivierung dieser Bereiche zuzusehen. Moderne bildgebende Verfahren wie die Kernspintomographie, das Magnetic-ResonanceImaging (MRI, fMRI) und der Positronen-Emissions-Tomographie (PET) gestatten ein ungefährliches Darstellen von Gehirnfunktionen und -strukturen.

Mit diesen bildgebenden Verfahren lassen sich aber nicht nur die Plastizität und Veränderbarkeit unseres räumlichen Gehirns darstellen, sondern auch die Effekte vieler geistiger Prozesse. Man kann „dem Gehirn bei der Arbeit zugucken", wie dies der Ulmer Neurobiologe Manfred Spitzer ausdrückt, und zwar „während jemand Psalm 23 betet, einmal mit

---

9 Vgl. Hüther 1996

und einmal ohne Inbrunst." Dabei lassen sich neuronale Schaltmuster in Echtzeit beobachten, die unsere Wahrnehmungen, Bewegungen, kognitiven Leistungen und auch Emotionen umfassen[10]. Spitzer sagt weiters:

> *„Neuronenpopulationen lassen sich auch direkt dabei beobachten, wie sie neue Inhalte lernen."*[11]

Eine wesentliche Beteiligung bei emotionalen Prozessen wird dem präfrontalen Cortex zugeschrieben. Diese ergibt sich aus seiner besonderen neuroanatomischen Verbundenheit zum limbischen System, insbesondere bei der Emotionsregulation und der Handlungskontrolle. Linksfrontale Bereiche repräsentieren dabei ein Annäherungssystem und das Erleben positiver Emotionen, und rechtsfrontale Regionen repräsentieren ein Rückzugssystem und das Erleben negativer Emotionen[12].

Wie sehr diese Konstellation für unsere reale Ausgangslage relevant ist, zeigt eine Stu-

---

10 Vgl. Mainzer 2005, S. 8
11 Spitzer 2000, S. 86
12 Vgl. Birbaumer & Schmidt 1999, Davidson 1995, zitiert nach Debener 2001, S. 9

die von Rosenkrantz et al., in der ein deutlicher Zusammenhang zwischen präfrontalem Cortex und Immunabwehr herausgearbeitet werden konnte.

In dieser Studie wurden die Probanden angewiesen, sich an die glücklichsten Momente und die schlimmsten Momente zu erinnern. Vorher und nachher wurde die neuronale Gehirnaktivität gemessen. Anschließend wurden allen Teilnehmern eine Grippeimpfung verabreicht, deren Antikörperstatus in den nächsten sechs Monaten laufend kontrolliert wurde. Dabei stellte sich heraus, dass jene Probanden, die durch die Verarbeitung ihrer glücklicheren Momente eine starke linksseitige Aktivität des präfrontalen Cortex aufwiesen, wesentlich mehr Antikörper gebildet haben als die andere Gruppe[13].

Weiters konnte bei Versuchen, in denen Buddhisten im Kernspintomographen beim Meditieren untersucht wurden, eine nahezu dauerhafte Aktivität des linken präfrontalen Lappens festgestellt werden, was als deutliches

---

13 Vgl. Rosenkrantz et al. 2003

Anzeichen für das Vorhandensein positiver Gefühle angesehen wird[14].

Ein Wissenschaftsteam untersuchte mittels Kernspintomographie 20 Probanden, die seit einigen Jahren täglich buddhistische Meditation praktizierten. Sie fanden heraus, dass Meditation bestimmte Regionen der Großhirnrinde neuroplastisch verstärkt und so die physische Struktur des Gehirns verändert, welche bei nicht meditierenden Personen nicht festgestellt werden konnte[15].

Nachdem sich schon in früheren Studien Hinweise auf eine starke Aktivität des präfrontalen Cortex in Verbindung mit emotionalen Erlebnissinhalten ergeben haben, insbesondere einer relativ stärkeren linksfrontalen Aktivierung beim Erleben positiver Emotionen und einer stärkeren rechtsfrontalen Aktivierung bei negativen Emotionen, werden diese Befunde nun auch von den bildgebenden Verfahren wie PET oder fMRI unterstützt[16]. Diese Verfahren bereichern die Wissenschaft dahin-

---

14 Vgl. Flanagan 2003, S. 44
15 Vgl Gray et al., 2005
16 Debener 2001, S. 14 ff

gehend, dass die Hirnaktivität bei emotionalen Prozessen direkt sichtbar gemacht werden
kann. Mittels PET lässt sich die regionale Aktivität des Gehirnstoffwechsels erkennen, indem
nach der Injektion einer radioaktiven Substanz
sogenannte PET-Scans Informationen über
den Energieverbrauch von Neuronen oder der
Veränderung der regionalen Durchblutung
Aufschluss geben[17].

Dadurch erhält die Wissenschaft mit noch
nie dagewesener Exaktheit Einblicke über die
Dynamik unserer internen Welt. Der amerikanische Hirnforscher Antonio Damasio konnte
mit dem Positronen-Emissions-Tomographen
genau lokalisieren, wo im Gehirn Aktivitäten
sichtbar werden, wenn sich seine Versuchspersonen an traurige und glückliche Momente in
ihrem Leben erinnern sollten (s. Abb. 1)[18].

Laut Damasio rufen wir beim Erinnern
sowohl die sensorischen Daten als auch die
motorischen und emotionalen Daten als frü-
here Reaktionen des Organismus auf das

---

17 Vgl. Pinel 1997, zit. nach Baumann et al. 2005, S. 176
18 Vgl. Damasio et al. 2000, S. 1050

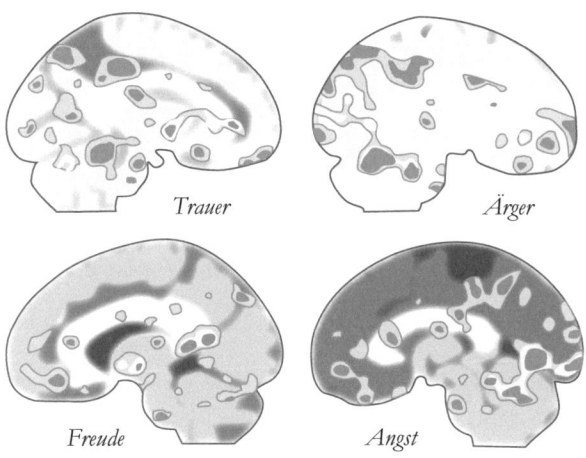

Trauer

Ärger

Freude

Angst

Abbildung 1: Glück und Ärger im Hirnscan

Objekt ab[19]. Wenn Versuchspersonen im Scanner positive oder negative Erinnerungen wiederholen, dann versucht das Gehirn, die mit diesem Content verbundene neurologischen Erregungsmuster samt der damit in Zusammenhang stehenden Neurochemie zu reaktivieren. So wird beim Erinnern ein früherer neuronaler Erregungszustand unter dem Einfluss gegenwärtiger Kontextbedingungen angeregt. Damasio sagt:

---

19 Vgl. Storch 2002, S. 287

> *„Aus der Allgegenwart der Emoti-*
> *onen ergibt sich als eine weitere wich-*
> *tige Konsequenz, dass praktisch jede*
> *Vorstellung, egal, ob tatsächlich wahr-*
> *genommen oder aus dem Gedächtnis*
> *abgerufen, von irgendeiner Reaktion*
> *des emotionalen Apparates begleitet*
> *wird.“*[20]

Nach Professor Hüther üben Fantasien und Vorstellungen einen lebenslangen Einfluss auf unsere erfahrungsabhängige Plastizität des Gehirns aus[21].

Der wissenschaftliche Fortschritt macht sichtbar, was Körperpsychotherapeuten immer schon behaupteten, dass psychische Vorgänge stets mit körperlichen Reaktionen verbunden sind. Es bleibt nicht ohne körperliche Auswirkungen, ob bewusst oder unbewusst negative oder positive Erinnerungen, Fantasien oder Vorstellungen wiederholt werden.

Der Unterschied zu früher ist: früher musste man daran glauben, jetzt weiß man es.

---

20 Damasio 2006, S. 77
21 Vgl. Kosslyn et al. 2001, zit. nach Milz 2005, vgl. Hüther 2004

Der Dünger des Sinns

Wenn Erinnerungs- und Vorstellungsinhalte tatsächlich körperliche Realität erzeugen können, dann ist dies ein greifbarer Rohstoff, den es zu raffinieren gilt[22].

Die mit diesen Inhalten verwobenen neuronalen Erregungsmustern lassen sich also auch dann aktivieren, wenn wir nur „so-tun-als-ob". Sie lassen sich also nicht nur durch reales Erleben, sondern auch durch die Simulation desselben, durch Fantasie, Erinnerung oder Vorstellungen graduell aktivieren.

Sie aktivieren Stresshormone ebenso wie körpereigene Opiate und Endorphine. Auf diese Weise kann sich ein positiver Gedanke im wahrsten Sinne des Wortes materialisieren:

> *Die Fantasie wird zur Wirklichkeit durch die Wirklichkeit der Fantasie.*

Das bedeutet, jeder positive mentale Einfluss gestaltet unser neuronales Netzwerk aufs

---

22 Gottwald 2006, S. 16

neue mit. „Sinnloses", sinnvoll eingesetzt, wird so zu konkreter Materie.

Also ist alles das, was ein positives neuronales Erregungsmuster auslöst oder erzeugt, wünschenswert. Alles das, was ein positives neuronales Erregungsmuster unterstützt, ist eine Ressource.

Denn dann macht es Sinn, Zeiten zu reservieren nur zu dem alleinigen Zweck, positive neuronale Ressourcen zu trainieren. Dann macht es Sinn, Zeiten zu reservieren, in denen quasi alles erlaubt ist, was den Nutzen erfüllt, unsere Lebenszeit mit „Endorphinen" zu füttern.

Hier kommt es nicht darauf an, ob die Dinge real sind, sondern das einzige was zählt, ist die Realität der Endorphine. Wenn beruflicher Erfolg, ein schönes Bad, eine gestalterische Tätigkeit im Garten, ein positiver Gedanke, eine Fantasie, eine Vorstellung, ein innerer Film oder etwas, was besser ist als erhofft in uns ein positives neuronales Erregungsmuster auslöst, dann ist dies eine positive Ressource.

Eine Meditation ist nicht einfach nur eine Meditation, sie ist eine Ressource. Wenn wir uns beim Meditieren etwas Angenehmes vorstellen, dann wird ein annähernd ähnliches positives neuronales Erregungsmuster angeregt wie beim realen Erleben.

Da werden Leitungen gebaut, Anschlüsse gesucht, Dopamine freigesetzt, Schaltkreise editiert und neuroanatomische Feinstrukturen verändert. Die Simulation ist zwar unecht, was sie im Körper aber auslöst, ist echt.

Welche Schlussfolgerungen können wir daraus ableiten? Körpereigene Opiate wie Endorphine sind nicht unbedingt auf hundertprozentige, möglicherweise umweltkostenintensive Realisierung von Bedürfnissen angewiesen, um erlebt werden zu können. Neuronale Schaltkreise sind nicht sonderlich wählerisch, wenn es darum geht, ob sie durch Simulation oder aufwendige Praktiken realisiert werden, es ist ihnen gleichgültig, weshalb sie trainiert werden, wichtig ist, dass sie trainiert werden.

Wenn Endorphine durch Simulation aktiviert werden können, befreit uns das von dem Zwang, jede Fantasie ausleben zu müssen. Das Spiel, die Simulation kann auf diese Weise vom

Stigma des „Unechten" befreit werden, weil wir dann gewonnen haben, wenn wir es fühlen und nicht nur unbedingt, wenn wir etwas haben.

Wenn Medizinmänner und Schamanen nach westlichem Verständnis scheinbar sinnlos um einen kranken Menschen herumtanzen, dann hat das den Sinn, diejenigen Muster anzuregen, die in dem Kranken schlummern, um seine körpereigene Opiatstimulation zu fördern, seine Hoffnung zu stärken, seinen Lebensmut zu heben.

Wenn sich die Teilnehmer eines Managementseminars wie verrückt gebärden sollen, dann hat dies den Sinn, sich einem neurochemischen Zustand der Befreiung von konventionellen Normen näher zu bringen.

Es hat den Sinn, Grenzüberschreitungen zu simulieren und sie auf neurochemischer Ebene zu stabilisieren. Wenn wir von Befreiung sprechen, sprechen wir von freigesetzten Neurotransmittern, Botenstoffen und körpereigenen Opiaten.

Der Unsinn wird zum Dünger des Sinns. Das „sinnlose" Spiel wird zu einem wichtigen

Instrument, indem es nach unseren verborgenen und gut chiffrierten „roten Knöpfen" scannt. Der Nonsens wird zur Quelle der Vernunft, das Chaos zum Detektiv unseres Unterbewusstseins.

„Lachen" ist plötzlich nicht mehr nur lustig, sondern macht unerwartet auch Sinn. Dann macht es plötzlich auch Sinn, sinnlos zu lachen. Weil es Baumaterial für die Gegenwart bedeutet, Brennholz für die Seele, guter Stoff für den Zeitpfeil.

Der Sinn des Unsinns ist die Versorgung mit den Endorphinen, deren Ursprung sich aus den Quellen der eigenen Historie ergibt. Es ist die Rohstoffförderung aus den verschütteten Erdreichen unserer Seele.

Lachen ist die einfachste Methode, um das aktuelle Erleben mit positiven Inhalten zu füllen und somit die Voraussetzung für nachhaltige „Gärungsprozesse" zu verbessern.

Wer künstlich lacht, kitzelt das Lächeln. Das spielerische „so-tun-als-ob" wird zum kleinen Hilfsfallschirm, der keine andere Bedeutung hat als genau diese, nämlich das Öffnen des Hauptfallschirms sicherzustellen.

Warum Lach-Yoga?

Der Titel dieses Buches lautet „Warum Lach-Yoga?" Der Titel könnte ebenso lauten: warum positives Denken? Warum Meditation? Warum Urschrei-Therapien? Die Nachfrage nach Glück und Wohlbefinden hat in den vergangenen Jahren zu einem satten wirtschaftlichen Boom geführt, den Als-Ob-Boom. Glücksbücher kredenzen Glücksformeln, künstliche Oasen laden zum Baden im fiktiven Sandstrand ein, NLP-Seminare lassen wirkungsvolle emotionale Anker setzen. Zeitmanagement, Entspannungstechniken, Zen-Bogenschiessen, Meditation, mentales Training, autogenes Training, Finde-Dich-Selbst-Kurse, Yoga, Seminare über Zufriedenheit und Ideal-Diäten setzen den Hebel von unterschiedlichen Gesichtspunkten her an.

Dabei scheint es nicht so sehr von Bedeutung zu sein, welche Methode verwendet wird, denn sie wirken alle, solange damit vor allem eines gefördert wird: *nämlich positive neuronale Erregungsmuster.* Lach-Yoga ist besonders gut dafür geeignet, weil es wie keine andere

Methode so intensiv und nachhaltig positive Emotionen aktiviert und sie mit Annäherungszielen verknüpft. Lach-Yoga verändert die Gegenwart – und die Zukunft. Lachen massiert die inneren Organe, lockert und entkrampft die Muskulatur, stärkt das Immunsystem und verringert chronische Schmerzen.

Während Kinder noch bis zu 400 Mal am Tag lachen, bringen es Erwachsene nur noch auf spärliche 15 Mal. Jedes „echte" Lachen bedeutet die Abwesenheit von Stress für diesen Augenblick. Der amerikanische Anthropologe und Psychologe Paul Ekmann fand in seinen Studien zur menschlichen Mimik 19 verschiedene Weisen des Lächelns. 18 davon sind nicht echt, sie dienen dem strategischen Nutzen in der zwischenmenschlichen Kommunikation. Doch nur jenes Lachen, bei dem sich der Muskel „orbicularis oculi" zusammenzieht, der Augenringmuskel, ist das sogenannte Duchenne-Lachen. Das ist jener Muskel, mit dem sich Generationen von Schauspielern schwer tun, denn seine Kontraktion lässt sich vom Großteil der Menschheit nicht willentlich beeinflussen.

Aber er lässt sich locken – auch grundlos. Es gibt zwei Wege, echtes Lachen zu erleben: entweder einen guten Grund dafür zu haben, oder mit einem „so-tun-als-ob" zu starten. Seit bildgebende Verfahren in der medizinischen Forschung zum Standard geworden sind, gibt es kaum einen Bereich des menschlichen Lebens, der nicht in der „Röhre" betrachtet wurde.

Die Ergebnisse dieser Erkenntnisse dienen allen wissenschaftlichen Feldern, so auch der Gelotologie, der Lachforschung. Wie weiter oben beschrieben, konnten Vermutungen bildhaft bestätigt werden, wonach unser Gehirn auch dann neurologische Reaktionen zeigt, wenn es sich gewisse Situationen nur vorstellt, wenn es „so-tut-als-ob". Wenn wir fröhliche Gedanken denken, spielen sich völlig andere neurologische Aktivitätsmuster im Gehirn ab, als wenn wir negative Vorstellungen wiederholen. Das bedeutet, jeder positive Gedanke, jede positive Vision, die Endorphine auslöst, wird zu konkreter Materie.

Dieses „so-tun-als-ob" lässt sich auch auf körperlicher Ebene anwenden. Indem wir zu

Beginn absichtlich „künstlich Lachen", wird das „echte Lachen" stimuliert. Das künstliche Lachen ist nichts Anderes als eine Starthilfe, bis das echte Lachen einsetzt.

Lach-Yoga verbindet die beiden körperlichen und geistigen „so-tun-als-ob"-Arten und wirkt somit sowohl von der somatischen, wie auch von der psychischen Seite ein. Durch die Lachübungen werden einerseits auf somatischer, körperlicher Ebene Entspannungszustände angeregt, die sich auf Muskelapparat und Atmung auswirken.

Andererseits drücken diese Übungen auf unsere psychologischen „roten Knöpfe". Dabei werden festgefahrene Reaktionsmuster ausgehebelt und gleichzeitig mit positiven körpereigenen Ressourcen verknüpft. „Lachen" ist die positivste Form aller körpereigenen Ressourcen mit nicht nur konkreten situativen, sondern auch nachhaltigen Effekten.

Jedes Lachen produziert Endorphine, körpereigene Morphine, deren unweigerliches Resultat das körperliche Wohlbefinden ist. Die Ergebnisse der modernen Gehirnforschung legen folglich den Schluss nahe, dass es *deshalb*

Sinn macht, Zeiten zu reservieren, in denen positive Ressourcen wiederholt werden, weil sie auf das gesamte neurosomatische System zurückwirken.

Lach-Yoga ist mehr als nur „Lachen". Bei Lach-Yoga geht es darum, das Lachen wiederzuentdecken, ohne sich dabei eine heile Welt einzureden.

Was macht Lach-Yoga?

Lach-Yoga hilft, den Anteil an Zeit zu erhöhen, die in positiven emotionalen Zuständen verbracht wird. Als solches trägt es dazu bei, die damit verbundenen neurosomatischen Inhalte zu wiederholen, zu reaktivieren und nachhaltig zu fördern.

Lach-Yoga fördert neue somatische Marker

Eines der elementarsten Komponenten in Damasios Wirken sind die somatischen Marker. Somatische Marker sind ein biologisches Bewertungssystem, welches im präfrontalen Cortex entsteht. In diesem laufen Signale von allen Sinnesorganen und Körperteilen ein, werden Vorstellungsbilder aktiviert und sekundäre

Gefühle erzeugt[23]. Sie sind gespeicherte neurochemische Korrelate von Körperzuständen, die bei einem Erinnerungsvorgang oder einer Vorstellung wieder in Form eines fuzzigen, unscharfen Recalls ausgelöst werden.

Sie sind Erinnerungen des Körpers, die sich dann aktivieren, wenn die neuronalen Speicherorte der mit bestimmten Gefühlen verbundenen Themen, Objekten und Gedanken stimuliert werden. Damasio erklärt, dass Erinnerungen an Ereignisse und die damit verbundenen Gefühle unsere Entscheidungen beeinflussen, das Denken bestimmen, und die Aufmerksamkeit lenken:

> *„Wenn das unerwünschte Ergebnis, das mit einer gegebenen Reaktionsmöglichkeit verknüpft ist, in Ihrer Vorstellung auftaucht, haben Sie, und wenn auch nur ganz kurz, eine unangenehme Empfindung im Bauch.“[24]*

---

23 eine Messung der somatischen Marker erfolgt über den Hautwiderstand, siehe Spielkartenexperiment in Damasio 2006, S. 285, vgl. http://arbeitsblaetter.stangl-taller.at/GEHIRN/GehirnEmotion.shtml

24 Damasio 2006, S. 237

In die somatischen Marker eingebettet sind nicht nur die bewussten Prozesse, sondern auch unsere unbewussten geistigen und körperlichen Wahrnehmungen, unsere Erinnerungen, Entwürfe und unsere internen Statistiken, die wir zur Beurteilung der Welt erstellen.

Dadurch werden sie in jedem Erlebensprozess bei der ähnliche Assoziationen entstehen, neurosomatisch wiederbelebt und in konservierter Form in die Zukunft getragen. Auf diese Weise fleischt sich ein Erfahrungs- und Glaubenssystem über das, was als „gut" oder „richtig" vermittelt wird, auf biologische Weise ein.

Lach-Yoga bietet unseren bisherigen Reaktionsmustern einen neuen Weg an. Indem positive Gefühle mit einem Muster verbunden werden, wird eine Situation wie ein Muskel trainiert. Somit fördert Lach-Yoga neue somatische Marker.

Lach-Yoga formuliert Annäherungsziele

Das Zürcher Ressourcen Modell von Maja Storch und Peter Krause schlägt ein ressourcenorientiertes Selbstmanagement vor. Darin wird angeregt, keine Vermeidungsziele, sondern Annäherungsziele zu setzen. Das beginnt zum Beispiel bei der Sprache. Es ist nicht egal, ob man „ich lasse mich nicht hetzen" sagt, oder „ich gönne mir Ruhe".

Denn im Ersteren ist das neurologische Äquivalent des negativen Potentials mit eingebettet. Es wird sozusagen das neuronale Netz des unerwünschten Zustandes aktiviert. Das Zweite erzeugt ein Vorstellungsbild von dem Zustand, der angestrebt wird. Durch die Aktivierung des entsprechenden positiven neuronalen Erregungsmusters erhöht sich die Auftretenswahrscheinlichkeit des erwünschten Verhaltens[25].

Wenn positive Gedanken gedacht werden und mit positiven Emotionen verwoben werden, dann ergeben sich neue positive Erregungsmuster, die als neue Ordnungsmuster einfließen. Werden die neuen Ordnungsmuster und die damit zusammenhängenden psychischen Prozesse immer wieder wiederholt, so entstehen neue Muster im Denken, Fühlen

---

25 Vgl. Storch 2005, S. 12

und Handeln, die zu Beginn des Prozesses einer bewussten Unterstützung bedürfen.

Lach-Yoga fördert positive Erregungsmuster

Wie weiter oben besprochen, entsprechen psychische Prozesse bestimmten positiven oder negativen neuronalen Erregungsmustern. Unter Ressourcen sind nach Klaus Grawe all jene Aktivierungen zu verstehen, welche positive Emotionen und Denkmuster zu einem gemeinsamen als positiv zu bewertenden neuronalen Erregungsmuster vereinen[26].

Der beste Weg, um ein neuronales Erregungsmuster zu verändern, ist das Alte auszuschleichen und durch ein Neues zu ersetzen. Um Veränderungen nachhaltig zu erreichen, genügt es aber nicht, nur davon zu reden. Es braucht die Wechselwirkung mit dem emotionalen Aufkochen, um eine neue Organisationsebene erreichen zu können. Lach-Yoga ist nur ein Instrument unter vielen, jedoch ein sehr Effektives. Denn es stellt genau diese Wechselwirkung her. Mit den Mitteln der Erinnerung, der Imagination, der Vorstellung, der Fantasie,

---

26 Vgl. Grawe 1998, S. 445, zitiert nach Storch 2002, S. 290

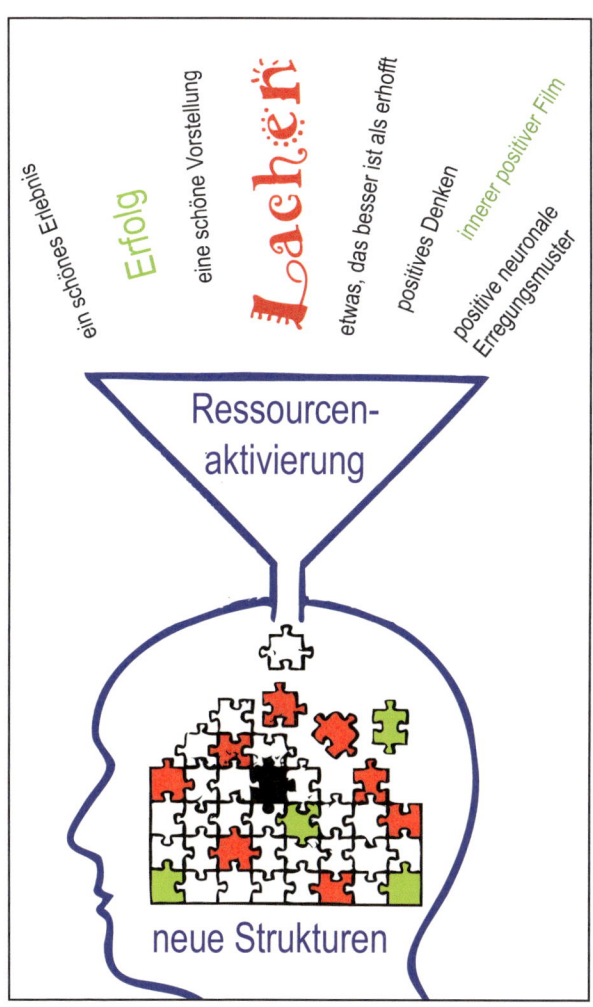

Abbildung 2

in Verbindung mit sehr einfachen Handlungen
wie „Lachen" werden positive neuronale Erregungsmuster eingeübt.

Lach-Yoga fördert Ressourcenaktivierung

Ressourcenaktivierung bewirkt neue
Gewohnheiten im Fühlen. Um eine Veränderung bestehender neuronaler Erregungsmuster zu erreichen, wird ein neuronales Netz so
stark gebahnt, dass es als „neuer Automatismus den alten, unerwünschten Automatismus
ersetzt."[27]

Werkzeuge der Ressourcenaktivierung können sowohl positive Gedanken, Imaginationen
oder jede Art von freudigen Erlebnissen sein.
Eines der besten „Tools" aber, um die körpereigenen Ressourcen zu aktivieren, ist das
Lachen selbst (s. Abb. 2). Herzliches Lachen
und negativer Stress sind einander ausschlie-
ßende emotionale Zustände. Darüber hinaus
kommt der Mensch mit einem herzlichen
Lachen absolut in der Gegenwart an. Eine
Lach-Yoga-Session hat nicht nur schmerzstillende Akutwirkung, sondern wirkt langfris-

---

27 Storch 2002, S. 290

tig auf die Grundstimmung, damit zurück auf die Kontaktfreudigkeit, Kommunikation und zwischenmenschlichen Beziehungen.

Dabei ist es sicherlich wenig ratsam, zum Glücksautisten zu mutieren und immer nur auf „Wolke 7" zu schweben. Nicht umsonst hat im Laufe der Evolution der eher vorsichtige Menschentyp überlebt. Was jedoch dazu geführt hat, dass jene Glücklichen, die dereinst auf der Speisekarte eines Säbelzahntigers landeten infolgedessen ausgestorben sind. Überlebt haben die Vorsichtigen, die ständig Achtsamen mit dem Nachteil einer Default-Einstellung im Gehirn, welche die mit Stress verbundenen Gehirnregionen schneller und geübter präsent sein lassen als die mit Glück und Zufriedenheit verbundenen Regionen[28].

Ein Grund mehr, Zeit zu reservieren, um diesen Überhang auszugleichen. Lach-Yoga ist eine optimale Möglichkeit, Zeit zu reservieren, in der positive Ressourcen wiederholt werden. Es ist die Zeit des Spiels, der vorsätzlichen Fantasie, der Überschminkung, des emotiona-

---

28 Vgl. LeDoux 2001, S 22

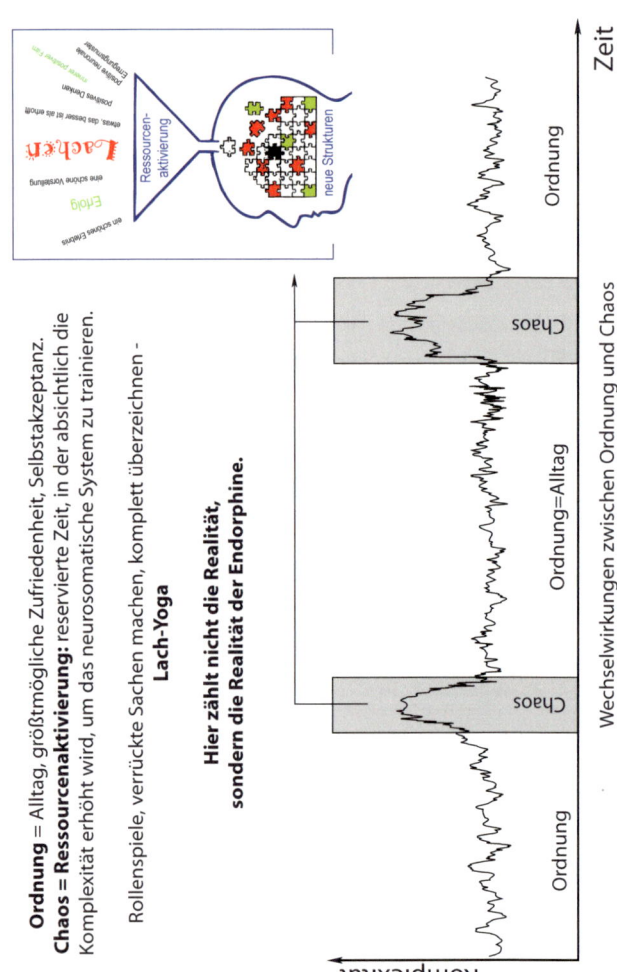

Abbildung 3

len Aufkochens. Dies ist der Ort, an dem der Unsinn Sinn und die Unordnung ihre Daseinsberechtigung erhält (s. Abb. 3).

Der normale Alltag ist die Zeit, um zu Überleben, sein Bestes zu geben und das IST-Ergebnis mit einem aktuellen Zwischenniveau an Zufriedenheit zu akzeptieren. Das befreit unser tägliches Leben von der Logik des Misslingens. Es macht um das Wissen reicher, dass man so sein darf, wie man ist, und es trotzdem Sinn macht, ein Wunschziel anzuvisieren.

Auswirkungen von Lach-Yoga

Je mehr sich die Wissenschaft mit dem Lachen auseinandersetzt, desto mehr Hinweise werden gefunden. Die Gelotologie – die Lachforschung – geht sogar soweit, dass das Lachen die Anzahl der T-Lymphozyten und der T-Helferzellen im Blut vermehrt, somit positive Beiträge für das Immunsystem und in der Vorbeugung bei Herzkrankheiten leistet.

Außerdem hilft es, die Anzahl der in positiven Emotionen verbrachten Zeiteinheiten zu erhöhen und somit die Basis für – nichtlineare – neurosomatische „Gärungsprozesse" zu verbessern.

Zum Beispiel wurden einer Gruppe von Versuchspersonen lustige Filme und Szenen aus dem Film „Der Soldat James Ryan" vorgeführt. Die Forscher rund um Michael Miller, dem Direktor für vorbeugende Kardiologie an der Universität von Maryland maßen den Grad der Verengung oder Erweiterung der Blutgefäße beim Betrachten der Filmszenen.

Das Lachen hatte tatsächlich Auswirkungen auf die Entspannung der Gefäße und auf die Blutzirkulation. Beim Kriegsfilm allerdings verengten sich diese, was eine Verringerung der Blutzirkulation zur Folge hatte. Nun stelle man sich vor, was passiert, wenn wir tagtäglich im Alltag, sei es durch zufällige Konfrontation mit solcherlei beladenen Inhalten oder durch die Erinnerung, der Phantasie oder einer Vorstellung in bewusster oder unbewusster Weise den damit verbundenen neurosomatischen Inhalts ebenfalls graduell wiederholen.

Ein regelrechter Trainings- Lern- Gewohnheits- und Selbstorganisationseffekt stellt sich dabei ein.

Gesundheitliche Aspekte

Die Auswirkungen von Lach-Yoga lassen sich grundsätzlich in individuelle und soziale Aspekte einteilen. Die kurzfristigen Effekte auf individueller Ebene sind: Abbau von Stresshormonen, Änderung des emotionalen Status innerhalb kurzer Zeit, Ausschüttung von Glückshormonen, schmerzstillende Effekte durch Endorphine und Massage der inneren Organe. Langfristig ergeben sich auf individueller Ebene die Reduktion depressiver Zustände, eine nachhaltige Verbesserung der Grundstimmung, positive Auswirkungen auf Pulsfrequenz und Blutdruck und positive Auswirkungen auf das Immunsystem.

Soziale Aspekte

Auf sozialer Ebene erhöht sich die Kontaktfreudigkeit, wodurch es zu einem Anstieg an sozialen Interaktionen kommt. Weiters fördert es den raschen Aufbau einer gemeinsamen emotionalen Basis, damit verbessern sich zwischenmenschliche Beziehungen, Motivation, der Sinn für Humor, Kreativität und Kommunikation.

In Konfliktsituationen wirkt Lach-Yoga vor allem über die persönliche Kompetenz. Im Umgang mit den eigenen Ressourcen kann die persönliche Kompetenz sicherlich als eine der wichtigsten Voraussetzungen dafür betrachtet werden, dass die Charaktere einer Interaktionskultur zu einem möglichst großen Gesamtvorteil zusammenwirken. Auf der einen Seite fördert Lach-Yoga Fähigkeiten wie das Verzeihen oder das Loslassen. Indem generelle Muster des Verzeihens geübt und mit positiven Emotionen verbunden werden, erhöht sich die Wahrscheinlichkeit, dass sich diese Reaktion auch im Alltag vermehrt durchsetzt.

Verzeihen bedeutet loslassen,
loslassen bedeutet Freiheit.
Verzeihen bedeutet, die Gegen-
wart nicht zu belasten. Egoistisch
betrachtet, ist verzeihen ökonomisch.
Altruistisch betrachtet, ist verzeihen
menschlich. (W.B.)

Im neurologischen Sinne bedeutet dies, den mit dem Nicht-Verzeihen verbundenen neurologischen Content selbst nicht mehr zu wiederholen. Es ist nicht möglich, das Gewesene zu verändern, aber die indivuelle Beziehung zur Erinnerung daran. Auch das ist Verzeihen und Loslassen.

Andererseits werden durch die stabile Bahnung neuer Muster Emotionen, die normalerweise auftreten, frühzeitig in eine positive Richtung umgelenkt. Dadurch wirkt Lach-Yoga wie eine Schwimmweste, welche den Konflikt an der Oberfläche hält, ihn nicht durch die Rückkoppelungen mit anderen Konfliktthemen in die Tiefe zieht. Es verändert vielleicht nicht die aktuellen Konfliktinhalte, nimmt aber Einfluss auf den weiteren Verlauf eines bestehenden Konflikts.

Weitere positive soziale Aspekte von Lach-Yoga sind: gesteigerte Fehlertoleranz, eine gute Einstellung zum Spiel, zur Simulation, zu eigenen Fehlern. Durch das Teilen von gemeinsamen positiven Erinnerungen entstehen im Sinne des Konfliktforschers Friedrich Glasl gemeinsame „goldene Augenblicke".

Durch das positive Interaktionsklima entwickelt sich eine optimale Gruppenkohäsion. Man wird integriertes Teil der Gruppe und empfindet sich nicht außerhalb der Gemeinschaft. In weiterer Folge entwickeln die einzelnen Gruppenmitglieder ihre maximalen Talente, was wiederum zurückwirkt auf die Wahrscheinlichkeit einer optimierteren Produktivität und Innovationsbereitschaft, wahrscheinlich sogar auf die Bereitschaft für ein modernes Miteinander.

Anwendungsgebiete

Von Indien ausgehend werden immer mehr Anwendungsmöglichkeiten berichtet. Indische Polizisten werden in Lach-Yoga geschult, indische Gefängnisse experimentieren erfolgreich mit Lachübungen im Gefängnishof und indische Blindenschulen ertasten das gegenseitige Lachen. Aber auch in der übrigen Welt mehren sich die Berichte über das Lach-Yoga.

In der streng disziplinierten japanischen Gesellschaft hat Lach-Yoga geradezu einen katathymen Effekt.

Seniorenheime nutzen Lach-Yoga, um älteren Menschen wieder das Lächeln in das Gesicht zu zaubern. Firmen und Betriebe wirken dem Stress der Mitarbeiter entgegen und verbessern mit periodisch wiederholten Lach-sessions das Betriebsklima.

Theatergruppen setzen Lach-Yoga als Aufwärmübung für die Schauspieler zum Spannungsabbau ein und bei mehrtägigen Seminaren wird Lach-Yoga eingesetzt, um rasch eine gemeinsame emotionale Basis aufzubauen und ein positives Klima herzustellen.

Ich könnte mir als weitere Anwendungsgebiete für Lach-Yoga vorstellen: im familiären Alltag, präventiv im interkulturellen Bereich, im Lehrbereich vor Klausuren und Prüfungen, Sanitätsdienste und andere Einsatzkräfte, welche im Kontrast beruflicher Erfahrungen und privatem Kontext stehen.

Lach-Yoga Session

In diesem Buch geht es im Schwerpunkt nicht um eine ausführliche Anleitung in Sachen Lach-Yoga. Nicht das „Wie" des Lach-Yoga soll dargestellt werden, sondern das „Warum". Deshalb soll die Vorgehensweise bei einer Session nur in aller Kürze dargestellt werden.

Eine Lach-Yoga Session nach Dr. Madan Kataria gliedert sich in drei Teile. Den Anfang bildet eine Einführung, gefolgt von den Lach-Übungen mit anschließender Lach-Meditation. Abschließend erfolgt eine Yoga-Nidra-Session, eine Relaxphase, in welcher der durch das Lachen aufgewühlte Körper und Geist wieder zur Ruhe kommen soll.

Einführung

Im Theater oder in der Oper klatschen wir normalerweise auf eine recht unspektakuläre Art und Weise. Nicht so bei Lach-Yoga.

Hier werden die Handballen mit leicht gespreizten Fingern zusammengeführt, um zusätzlich die Akupressurpunkte auf den Handflächen zu stimulieren. Zuerst klatschen wir im Rhythmus

1 2 – 1 2 3

Dann ersetzen wir die Zahlen durch Buchstaben und es ergibt sich:

Ho Ho – Ha Ha Ha

Anschließend wird eine Atemübungen vorgestellt. Dazu beugen wir unseren Körper, atmen beim Aufrichten tief ein und strecken die Hände über den Kopf. Beim Ausatmen wird dann gelacht.

Den Abschluss der Einführung bildet eine Übung, die das Kind in uns erwecken soll. Dabei klatschen wir zweimal in die Hände, rufen „very good, very good - yeah" und strecken die Hände in die Höhe.

Das sind die drei klassischen Übungen, welche zwischen den Lachübungen immer wieder eingeflochten werden.

Lach-Yoga-Übungen

Der Start der Session erfolgt gewöhnlich über ein *Begrüßungs-Lachen*. Man faltet die Hände wie beim indischen Namaste, sieht sich in die Augen und lacht dabei. Die Personen grüßen kurz und gehen dann weiter zur nächsten Person.

Beim *Chilli-Lachen* stellen wir uns vor, etwas sehr scharfes gegessen zu haben und fächeln mit einer Hand schnell vor dem Mund Kühlung zu. Wichtig ist bei den Übungen der Augenkontakt. Augenkontakt und Lachen sind der Schlüssel zum echten Lachen.

Das *Löwen-Lachen* entspannt unsere Gesichts- Augen- und Halsmuskulatur. Dazu weiten wir die Augen, strecken die Zunge heraus, positionieren die Hände mit den Handballen nach aussen wie zwei Löwenpfoten neben den Ohren und lachen. Wichtig ist dabei: nicht brüllen, lachen.

Hier kommt einer meiner Favoriten im Bereich paradoxer Intervention: das *Argument-Lachen*. Dabei heben wir die rechte oder linke Hand und bewegen den Zeigefinger schnell vor und zurück, so als ob wir böse wären und mit jemanden schimpfen würden. Es ist der „DuDu"-Finger, nur dass wir dabei nicht böse sind, sondern dieses Muster mit einem Lachen vernetzen. Gerade beim Autofahren kann diese Geste kleine Wunder vollbringen.

Ein weiterer Favorit ist das *One-Inch-Lachen*. Wir zeigen dem Gegenüber, dass die Gründe für den Ärger ganz klein und unbedeutend ist. Dabei führen wir Daumen und Zeigefinger zueinander und lassen den Abstand der beiden etwa 10 mm sein. Automatisch werden hier gewöhnlich die ersten echten Lachsalven ausgelöst, speziell wenn im Verlauf der Übung Frauen und Männer aufeinandertreffen.

Das *Milchshake-Lachen* ermöglicht eine Übung im Kreis ohne wechselnde Partner. Dabei wird so getan, als ob eine Flüssigkeit von einem Glas in ein anderes geschüttet wird. Beim dritten Mal wird der Inhalt des Glases hinter die Schulter gekippt und dabei herzlich gelacht.

Beim *Triumph-Lachen* geht es um die Massage der Thymus-Drüse und darum, geerdet durchs Leben zu schreiten. Bei dieser Übung schlägt man sich wie Tarzan auf die Brust und lacht aus vollem Herzen.

Ein großes Thema unserer Zeit ist die Selbstakzeptanz. Die Fähigkeit, über sich selbst lachen zu können, die Fähigkeit, sein eigener Freund zu sein. Die Umsetzung ist denkbar einfach: beim *Über-sich-selbst-Lachen* zeigt man mit beiden Fingern auf sich selbst und fängt an, sich selbst zu mögen und über seine eigenen Fehler zu lachen. Eine sehr wichtige Übung, die auch nach der Lach-Yoga-Session im Hintergrund das Gehirn weiterbeschäftigt.

Ein weiteres wichtiges Thema unserer Zeit ist das *Vergebungslachen*. Wir üben - ohne einen konkreten Anlass zu haben - nur das Muster der Vergebung. Dazu öffnen wir beide Handflächen nach außen, so als ob wir im Begriff wären, jemanden zu umarmen, gehen auf einen Partner zu, sehen uns in die Augen und lachen. Auch diese Übung ist Gehirnnahrung für die Zeit nach der Lach-Yoga-Session.

Dann ist es Zeit für einen sogenannten *Gradient Laughter*, dem anschwellenden Lachen. So wie beim Milchshake-Lachen ist diese Übung ohne Partner möglich. Wir stehen locker oder im Kreis im Raum und beginnen, ganz leise und langsam, von null auf hundert zu lachen. Diese Übung bringt auch die zögerlichsten Teilnehmer oftmals so richtig in Schwung.

Den Abschluss der Übungen bildet dann beispielsweise das *Ruderlachen*. Dazu setzen wir uns in einer Reihe auf dem Boden, ganz knapp hintereinander. Anschließend werden die Hände nach vor gegeben, wie beim Rudern. Dreimal zählen wir gemeinsam die Ruderbewegungen, um beim vierten Mal den Kopf auf den Körper des hinteren Teilnehmers und die Hände nach hinten in die Luft zu bewegen. Die Berührung des hinteren Teilnehmers führt dazu, dass die Lach-Bewegungen des Bauches den Vordermann stimulieren.

Nachdem nun die einzelnen Übungen durchgeführt wurden, sind die Teilnehmer inzwischen soweit aufgewärmt, dass sie nur mehr ganz kleine Anstöße benötigen, um ganz von selbst in ein echtes, dauerhaftes Lachen zu gelangen. Dabei ist oft zu beobachten, wie sich die Lachwellen gegenseitig hochschaukeln, rückkoppeln, abebben, neu aufbauen und schließlich zum Stillstand kommen.

Genau die richtige Zeit für das Yoga-Nidra, der Entspannung. Dabei handelt es sich um eine vom Kursleiter geführte Meditation, in der durch das Ansprechen vieler Körperteile eine Tiefenentspannung angeregt wird.

Literaturverzeichnis

Baumann, K., Kessler, H. & Linden, M. (2005): Die Messung von Emotionen. Verhaltenstherapie und Verhaltensmedizin, 26(2), S. 190 - 202.

Birbaumer, N. & Schmidt, R. F. (1999): Biologische Psychologie, 4. Aufl. Berlin: Springer.

Birklbauer, W. (2007): Zeitfusion, Gehirn im Glück?, BoD.

Damasio, A. R., Grabowski, T. J., Bechara, A., Damasio, H., Ponto, L. B., Parvizi, J., Hichwa, R. D. (2000): Subcortical and cortical brain activity during the feeling of self-generated emotions. Nature Neuroscience 3. 1049 - 1056.

Damasio, A. (2006): Ich fühle, also bin ich. Die Entschlüsselung des Bewusstseins. List: München.

Davidson, R. J. (1995): Cerebral asymmetry, emotion, and affective style. In R. J. Davidson & K. Hugdahl (Hrsg.), Brain asymmetry S. 361 - 387. Cambridge: MIT Press.

Debener, S., (2001):Individuelle Unterschiede in der frontalen EEG-Alphaasymmetrie: Emotionalität und intraindividuelle Veränderungen, Berlin: Dissertation.de.

Flanagan, O. (2003): „The Color of Happiness", New Scientist Vol. 178, 24.05. S. 44 ff.

Gottwald, C. (2006 im Druck): Körperpsychotherapeutische Perspektiven zur Neurobiologie. In: Marlock G, Weiss H (Hrsg.): Handbuch der Körperpsychotherapie. Stuttgart: Schattauer. Internetversion: http://www.eidos.at/inhalt/artikel/neurobio.htm.

Grawe, K. (2004): Von der Verhaltenstherapie zur Neuropsychotherapie? Eröffnungsvortrag auf dem 15. Kongress für Klinische Psychologie, Psychotherapie und Beratung vom 5. – 9.3.2002 in Berlin. Internet Stand 02/2004: http://www.bvvp.de/news04/vt_nt_grawe.htm.

Grawe, K. (2004a): Neuropsychotherapie, Hogrefe.

Grawe, K. (1998): Psychologische Psychotherapie. Hogrefe: Göttingen.

Gray, J. R., Lazar, S. W., Kerr, C. E., Wasserman, R. H., Greve, D. N., Treadway, M. T., McGarvey, M., Quinn, B. T., Dusek, J. A., Benson, H., Rauch, S. L., Moore, C. I., & Fischl, B. (2005): Meditation experience is associated with increased cortical thickness. Neuroreport. 16(17): S. 1893 - 1897, November 28.

Groenewold, U. (2005): Per Tomographie und Spektroskopie sehen Ärzte, wie eine Therapie das Gehirn psychisch Kranker verändert. Ärzte Zeitung. 16.12.

Hüther, G. (1996): The central adaptation syndrome: Psychosocial stress as a trigger for adaptive modifications of brain structure and brain function. Progress in Neurobiology, 48, S. 569 - 612.

Hüther, G. (2004): Die Macht der inneren Bilder. Wie Visionen das Gehirn, den Menschen und die Welt verändern. Göttingen. Vandenhoeck und Ruprecht.

Kosslyn, S.M., Ganis, G. Thompson, W. L. (2001): Neural foundations of mental imagery. Nature Review Neuroscience. 2, S. 635 - 642.

LeDoux, J. (2001): Das Netz der Gefühle. Wie Emotionen entstehen, München: Deutscher Taschenbuch Verlag.

Mainzer, K.(2005): Was sind komplexe Systeme? Komplexitätsforschung als integrative Wissenschaft. (unveröffentlichtes Manuskript). Augsburg.

Milz, H. (2005): Körpertherapie - an Leib und Seele genesen. Vortrag: 1. Grazer psychiatrisch - psychosomatische Tagung. 22.1.2005. Internet: http://www.helmutmilz. de/documents/Kongress-Graz1_05.pdf.

Pinel, J. P. J. (1997): Biopsychologie. Heidelberg: Spektrum - Akademischer Verlag.

Rogosch, J. (2001): Wie die Psyche das Gehirn baut. Badische Zeitung, 02.05.2001.

Rosenkrantz, M.A., Jackson, D.C., Dalton, K.M., Dolski, I., Ryff, C.D., Singer, B.H., Muller, D., Kalin, N.H., Davidson, R.J. (2003): Affective style and in vivo immune response: Neurobehavioral mechanisms. PNAS 100: S. 11148 - 11152.

Spitzer, M. (2000): Geist im Netz. Heidelberg.

Storch, M. (2002): Die Bedeutung neurowissenschaftlicher Forschung für die psychotherapeutische Praxis. Psychotherapie 7. Jahrg. Bd. 7, Heft 2. S. 281 - 294 CIP-Medien, München.

Storch, M.; Krause, F. (2005): Selbstmanagement - ressourcenorientiert. Grundlagen und Trainingsmanual für die Arbeit mit dem Zürcher Ressourcen Modell (ZRM). 3. korr. Auflage

Walter Birklbauer

ZEITFUSION

Gehirn im Glück?

„Walter Birklbauers Erstlingswerk bietet Lesevergnügen mit fundiertem wissenschaftlichen Hintergrund. Dennoch ist sein Text leicht verständlich und – sehr amüsant – mit vielen Beispielen aus dem Alltag garniert. Eine wirklich empfehlenswerte Lektüre für alle, die an der Verbindung Gehirn, Glück und Zeit interessiert sind!"

Dr. Gertraud Deim

Bürgermeisterin, Gemeindeärztin

ISBN: 978-3-8370-0155-6

www.zeitfusion.eu